LCB-Editionen 61

Almeida Faria

Fragmente einer Biografie

Aus dem Portugiesischen
von Curt Meyer-Clason
und Alrun Haase

Literarisches Colloquium
Berlin/
Berliner Künstlerprogramm
des DAAD

Umschlagfoto: Renate von Mangoldt

ISBN-Nr. 3 920392 70 1
1980

J. C. achtzehn, geboren in Monteminimo, wird den Eindruck nicht los, daß er mit seiner Geburt die Eltern enttäuschte, die nach dem ersten Paar eine weitere Tochter vorgezogen hätten. Von dieser ursprünglichen Desillusion hat wohl sein sichtlicher Widerwillen hergerührt, die Zeiten des Anfangs zu ertragen: nicht nur schmächtig, sondern auch schwachen Magens, weigerte er sich drei Jahre hindurch zu essen, so daß es nach Aussage seiner Erzeuger notwendig war, ihm die Nase zuzuhalten, damit er den Mund aufmachte und man ihm in den Schlund Brei stopfen konnte, den er schließlich, nachdem Mutter und Dienstmädchen sich stundenlang abgemüht hatten, ihm Mittag- und Abendessen einzutrichtern, wieder erbrach. Immer wieder begannen sie in der Hoffnung, letzten Endes müsse irgendeine Ration im Magen bleiben. Immerhin blieb genügend für sein Überleben. Als er begriff, daß ihm kein anderer Ausweg offen stand als zu leben, daß er zum Futtern verurteilt war, beschloß er etwa im Alter von drei sich zu rächen, indem er alles verschlang, einschließlich der Tafeln Schokolade, die in einer Schachtel des Eßzimmerschranks versteckt lagen. Die Freßorgie brachte ihm Dysenterie ein, so daß er jahrelange, erfolglose ärztliche Behandlung über sich ergehen lassen mußte. Bis zum Ende seiner Jugendjahre sah man ihn plötzlich zum Klosett rennen und seine wichtigsten Arbeiten in den schlimmsten Augenblicken unterbrechen. Das machte ihn zum Stubenhocker, und so begann er zu schreiben, um die Zeit hinzubringen. Von ziemlich introvertierter Veranlagung, aber doch nicht so ausgeprägt, daß diese Tatsache den wenig gebildeten Leuten des Orts aufgefallen wäre, waren die Konflikte mit seiner Umwelt ebenso klar wie unerklärlich. Warum wußte er nicht Ball, Murmeln, Billard zu spielen? Warum mußte er sportlich eine Null sein? Mit fünfzehn brütete er ein nutzloses Stück Prosa aus, das nicht bestimmt war für Aufsätze, Klassenarbeiten, schulische Übungen, kurze Briefe an die riesige Familie, die Vettern mehrerer Grade einschloß, blutsverwandte und wahlverwandte Onkel, nur keine Großeltern, weil er keine mehr hatte, und an die wenigen Freunde. Die am Strand angesichts kitschiger Sonnenuntergänge über dem Meer verfaßte Prosa war schlecht, scheint ihm aber das unbekannte Vergnügen bereitet zu haben, spielerisch für sich selber zu kritzeln, diesem unerklärlichen „ziellosen Ziel“ hingegeben, das er selbst heute nur schwer zu begreifen vermag. In jenem Sommer kehrte er mehrmals zu dem entdeckten Laster zurück. Doch mit dem Wiederbeginn des Schuljahres verließ ihn kurz entschlossen seine Pseudopoetik, verstört von der Leere der Schulbücher. In der Klasse galt er als guter Schüler, eine Bezeichnung, die er, beschämt wegen der durch sie ausgelösten Resonanz, verschmähte.

J. C. hätte in seinem verflucht phantasielosen Geburtsort den Geist schwerlich auf mannigfache Weise zu beschäftigen vermocht. Zu Hause wenige und schlechte Bücher. Die männliche Linie der Familie widmete sich: den Geschäften, dem Ackerbau, dem nächtlichen Bridge im Klub, langen Aufenthalten nach den Mahlzeiten im Café, darauf wartend, daß die Eichel falle und das sie verschlingende Schwein schlachtreif mäste, daß Oliven-Weizen-Mais-Roggen-Gerste nach den gütigen, wenngleich launischen Gesetzen der natura rerum gediehen, daß endlich und wesentlich die neun Jahre bis zum nächsten Schälen des Korks verstrichen. Eine Sippe, die sich inbrünstig zerstörte in dem Drang, mit einer für sie zu komplizierten Erbschaft eilends Schluß zu machen, eine bis ins fünfte Glied blutsverwandte Minimafia, ein goyeskes Geschlecht, das die Welt der Kinder mit monströsen Modellen bevölkerte, angefangen bei einem Wucher treibenden, speichelleckenden alten Onkel, der rasendrasch aß aus Angst, nicht rechtzeitig an die Reihe zu kommen, bis zu demjenigen, der kauend einem Frosch glich und sich bei den nicht gerade seltenen Festen stets einen Affen antrank, weil er sich als Alleskönner aufzuspielen und sich so im Amt des Gruppenoberhaupts und Rechtsberaters in moralischer und materieller Materie zu behaupten suchte, um einen Vorteil, eine Kommission oder ein schäbiges Schmutzgeschäft zu ergattern, der sich um einen Tostão balgte und immer bereit war, dem Geschäftsfreund oder Verwandten, dem Landsmann oder Gevatter einen Centavo abzujagen, ein Panoptikum möglicher Beziehungen, das zahllose Kusinen einschloß, die am morgigen Sonntag fürs Osterfest erwartet werden mit Mienen, als seien sie von den Landesgrenzen angereist, auferstandene Mumien, die, selbst wenn sie in der gleichen Straße oder in Nachbarstädtchen wohnten, Fotos zu entsteigen schienen und hochfeierliche außer Mode und Stil gekommene Kleider trugen, blindgewordene Berlocken und Broschen, pechschwarze Persianer, verschlissene Wollschals, trotz derer sie über die Kälte, Dienstboten, Mattigkeit, über mannigfache Beschwerden klagten: Leberleiden wegen der Süßigkeiten und gefüllten Pasteten, über Rheuma, Bandscheibe, Hexenschuß, über einen von Fetten verstimmten

Magen, der ihnen Phlegma beschert, zumal sie vergaßen, von Kuchen und Creme wenig oder nichts zu kosten, und wenn, dann nur nach anderen Gerichten, ohne danach etwas zu trinken und ohne dem dickeren Teil des Fischfleisches, kalten oder wässerigen Speisen mit Essig und Ähnlichem übermäßig zugesprochen zu haben, und was Eier betrifft, so gab es keine zuverlässige Regel, denn den einen bekommen, den anderen schaden sie, Ratschläge indessen, die nicht befolgt wurden, daher die Verbreitung halbseitiger Migränen unter den Weiblichkeiten, die ringsum den Tisch mit oder ohne Kohlenbecken darunter, je nach Willen der Morgensonne, auf den Fauteuils genannten Sesseln im Salon saßen, ein Seidentuch bedeckte die Knie, obwohl die Röcke überlang waren, sie begannen Unterhaltungen, die im wesentlichen denen der vergangenen Jahre glichen, selten lachten sie, höchstens lächelten sie, sicherlich weil sie sich von jemandem beleidigt fühlten, vom Leben, und nicht grundlos, weil alle diese Damen, Jungfrauen, Jungfern den besten Teil ihrer ruhmlosen Tage ihren häuslichen Obliegenheiten widmeten, unterstützt freilich von einem beträchtlichen analphabetischen oder fast analphabetischen Bedienstetenbatallion.

J. C. begann seine Flucht, als er, mit fünfzehn Jahren, nach Évora in die Oberstufe kam, und der Literaturlehrer ihn in der ersten Stunde fragte, was er denn außer Jules Verne gelesen habe. Zum allgemeinen Gaudium mußte er gestehen, daß er nicht einmal den gelesen hatte, geführt, ja hinters Licht geführt von Grundschule und Gymnasium, die ihn bestohlen hatten, weil sie ihn zwangen zu pauken, um, sobald Übung oder Prüfung vorüber waren, nach deren Bestehen er sich immer leer fühlte, alles wieder zu vergessen. Daraufhin fing er an, Romane zu verschlingen und entging so dem deprimierenden Schauspiel der Dumpfheit und Engstirnigkeit, in der er aufwuchs. Jetzt jedoch galt es, allen Ernstes den Rücken zu kehren. Gestern hatte er die Nacht im Freien verbracht, Nachtwache, das Leben zu überschlagen, heute, nahe der sechsten Stunde, war er wie ein Dieb ins Haus eingestiegen, um das quantum satis einzusacken, als er es lautlos wieder verließ, schlief die Familie noch, vor dem Bahnhof hatte er bis sieben gestanden, hatte den Tag anbrechen sehen, der da schmutzig und vernebelt heraufkam, hatte den ersten Kurzzug genommen, vorbei an den Feldern, auf denen die Arbeit anhub, in Torre-da-Gadanha hatte er dösig und verdrossen auf den Triebwagen aus Beja gewartet, der ihn ins proletarische Reich des Herrn Alfredo da Silva brachte. Vom linken Ufer aus gesehen, ist Lissabon sogar einladend, Costa do Castelo, Sé, S. Vicente, dessen Leiche die Raben auf dem bis hierher getriebenen Schiff begleiteten, Mouraria, Borratém, Santa Apolonia, Xabregas, Beato und Chelas tauchen über dem Flusse auf, zahmes Abbild des Liliputlandes, dessen Schicksal der Held entrinnen will, ranziger Rest, den er ohne Wehmut bereitwillig Nagern und Würmern überläßt. Gegen Mittag, als er am Terreiro do Paço aus dem Schiff steigt, guckt er in Richtung Mole, guckt ins Unendliche, sieht die Salazar-Brücke. Oh ihr, Eier des Meeres, da entzündet ihr habt in ihm des Gliedes neue Glut, leiht Wollust nun, voll hallend, schön gegründet, in grandios potenten Akten gut, denn ihr habt doch verkündet, er werde neugeboren im Lustrumzeichen des Flüssigen, Samen Schweiß Speichel Blut. Lebend über den Wassern wiedergefunden, oh ihr, Nymphen des Tagus, leiht ihm Furie von großem vollen Schwalle, nicht nur von schlaffem Rohr oder schwacher Flöte, eher von der Tuba stolzem Kriegeshalle, der Martas Brüste heb' und Wangen röte. Ihr, Führerinnen dessen, der durch die lauten Straßen zieht, leiht ihm einmalige Kraft in den Taten des berühmten Trios von Stößel und Klöten, die das Harte so erhöhte, daß dieser Tag denkwürdig werde in den Schwanzchroniken der ganzen weiten Erde.

Marta wird sich über das Klingeln wundern, um diese Zeit schläft sie immer noch, es dauert, bis ich den Türsummer höre, ich steige die düsteren Treppen hinauf, letzter Stock, sie wartet im Morgenrock am Geländer, im Durcheinander des umarmt Hineingehens erzähle ich ihr von dem Zerschneiden der Nabelschnur, dem epistemologischen Schnitt, ich schneide von allem, nur nicht deinem Körper nackt im leichten Licht. Wer hat gesagt, die Liebe sei hart? Hengst und sein Zaumzeug deinem Wohlgefallen entgegen, deinem inneren Wissen, und Scharmützel, Schabernack, Tändeleien, zärtliches Tauschen, Widerschein, Wiedererkennen, Fallen, ich tauche mitten in tiefe Gänge, um mich danach hinaufzuwinden, die vollkommene Vereinigung zu versuchen, Verschmelzung vor der Spaltung-Verschlechterung der Münze, Begierde gepaart mit der Freude zu erfinden, zu decken, das Vergessene zu entdecken. Hier war, hier ist und wird die Einsamkeit bezwungen sein: Finger, die streifen, streicheln, halten und nicht stillhalten, Akt-Pakt. Ich vergesse die Iden des März, den kommenden April, die finstere Familie, Mutter der Monstren und Ausgeburten, die uns nach und nach aussaugen, aufsaugen, uns den Garaus machen. Ich vergesse die Zensur da draußen, mit Sack und Pack niedergelassen, lange schändliche Erstarrung, von einem Jahr ins andere übergehend, Passivseite der Bilanz, ununterbrochen mit negativen Salden abgeschlossen, wie jetzt, zermürbt und zerfallen unsere Tage, übermäßige Lügen, unhaltbare Dinge verhalten, Mittelmäßigkeit zur Pflicht gemacht, Haß auf den, der anders zu sein versucht, Spontaneität verboten, Gesetz der halben Wahrheit, und schon das scheint zu viel, wie soll man leben können in diesem Land, melodramatische Farce, letale Heuchelei? Wie sollen wir Aries feiern, wenn hier das Undurchsichtige herrscht, das Durchscheinende des Achat, die fahle Farbe, die uns den Blick trübt, den Schritt hemmt, Überlebende von Schiffbrüchen, erblich gescheitert, wie atmen in diesem Mißverständnis? Licet? Diese wiederholte, sich wiederholende, obsessive Litanei, Entzauberung, Desillusion, wie endet sie für den, der sich weder Illusionen macht, noch an Zauber glauben will? Marta weiß, daß Persephone, Hades und Erebos nicht Fiktion sind, und Tartarus ein Nebenfluß des großen Stromes ist, der in den Höllen entspringt und irgendwo in den Tejo mündet.

J. C. findet es nicht witzig, er sagt: Scheißvaterland, Pech, hier hineingeraten zu sein, niemand und nichts tröstet mich, Verhängnis, im falschen Zug zu sitzen, seit Jahrhunderten auf dem toten Gleis, inwendig verfault, von außen vergammelt und verdreckt, vom Wahn der Vergangenheit befallen, künstlich am Leben erhalten, Schimmelgeruch verströmend, Tod, ruhmlose Melancholie. Leute, die in Apathie verharren, in erstickter Verzweiflung, in trostloser Resignation, ermüdet von einstigen in der Erinnerung aufgetakelten Ruhmestaten, armselige, die sich leichterdings mit Stockfisch zufriedengeben, mit Toto und dem morgen ausgelosten Lotto, ein lahmer Haufen, von mangelndem Mark, von kümmerlicher Tatkraft, von schlaffer Phantasie und Vorstellungsvermögen, die nurmehr herhalten zum Erzählen von Witzen, zum Erfinden von plumpen, bitteren Anekdoten, zu politischem Palaver, Schmähung und Schwindelei. Von Stereophonie berauscht, um all das zu vergessen, höre ich ein Lied, das mich zu Gesang macht, nicht dem, der singt, auch nicht dem Instrument, das imstande ist, Erdbeben in deinem Land und in dem meinen auszulösen, imstande, uns ausflippen zu lassen, einzig anständiger Ausweg aus diesem Loch, in dem wir versunken sind oder in das wir uns haben versenken lassen, du großer Graskopf in Begleitung der kleinen Haschischhascherin, die mit dir dieses Narrenschiff besteigt, abgesondert von der Welt und ziellos treibend, gekappt die Leinen und die Kontakte zur „Realität"? Das nennen sie Land? Bloßer flatus vocis, eine fast manierliche Manie, die indes schon tausende von Toten in Afrika gekostet hat? Gibt es keinen Ausweg? Das Exil im Reich? Das Reich des Exils? Ich leiste Widerstand, du leistest Widerstand, Ausgucker, auf, auf, was du sein kannst, sei es vulkanisch, erheb dich und steig und gelang zu deinen höchsten Masten, sieh ob du anderes Land siehst zwischen Misthaufen und Sternen und Galaxien, die uns gleichgültig erschaffen und abschaffen und uns aus den Höhen eisiger Sphären betrachten. Der ruhige Tanz der billigen Räucherstäbchen glimmt in der Ecke des Zimmers, läßt mich meditieren über den Glanz der Materie, erfüllt mich mit Verehrung für die Gabe der Sprache, für das Feuer der Töne, für die Macht des Bildes, für den vorbestimmten Wunsch, alles zu haben, alles zu sein, begierig auf alle Pläne, größer als wir selber, sogar auf die zum Scheitern verurteilten, Kampf um das letzte Überleben, Befreiung vom Gefängnis, in dem wir uns einkerkern, festhalten, überwachen, bespitzeln, foltern, verbannen, vergraben, hintergehen, töten. Ohne Umkehr, ohne Ausweg? Wütend vorwärtsblicken, damit es mir nicht ergehe wie Lots Weib. Du bist einverstanden. Ich bin Löwe, du Stier, beide haben wir die Läufe fest auf der Erde. Wenn wir mitunter fliegen, so nur, um weit voraus eine andere Szene zu sehen. Diese taugt nichts. Dies ist ein Tümpel, in dem sich wenig tut, und das wenige tut sich, ohne daß es jemand wahrnimmt. Basta.

J. C. an die Schwester:

Venedig, 16-4-74

Liebe Arminda,
um Dir zu schreiben, habe ich mich auf die Stufen der Dogana gesetzt, denn die Gondeln kosten viel zuviel ... Ich hätte nichts dagegen, hier, wo ich zum ersten Mal Zeit zum Lesen habe, zu bleiben, zwischen Kanälen und Büchern, bis ans Ende meiner Tage, auf dem schönsten Palästearchipel, im aquatischen Labyrinth, so bezeichnet von dem, dessen Namen ich mir nur als Jamón de la Sierra merken konnte. Immer hat mich der Gedanke geängstigt, nicht in einem einzigen Leben alle großen Bilder sehen, nicht die Bücher, die ich wollte, lesen, nicht wenigstens mille e tre schöne Frauen kennen zu können. Mir scheint, daß ich diesem unmöglichen Traum so nahe wie möglich bin, und Du solltest herkommen, wenn ich Dir einen Rat geben darf, bevor Du mit Samuel zusammenziehst. Als guter Optimist wird er Dir schließlich ein paar Filii fabrizieren, und Du weißt, was Dich dann erwartet. Der Optimismus der Linken, der sie dazu verleitet, die Spezies fortzupflanzen, in der Überzeugung, die Nachkommenschaft werde sehr fortschrittlich sein, wird als Endergebnis eine, aus reinem Widerspruchsgeist gegenüber den Eltern, reaktionäre junge Generation hervorbringen. Falls Du jedoch auf der Eselei bestehst zu heiraten, biete ich Dir eine Lösung für die zweite Monatshälfte an, auch Spaghettihälfte genannt, wenn es zum Nudeln nur noch Nudeln gibt, von Marco Polo aus China mitgebracht. In Zeiten großer Not Spaghetti Aglio e Dio, Hauptbestandteil Glaube, ansonsten nehme man: 400 g Spaghetti und 4 Eßlöffel Olivenöl, in dem man 3 Knoblauchzehen bräunt. Kochzeit, damit sie al dente bleiben, acht Minuten und nicht zwanzig wie bei uns. Ein bißchen teuerer, aber besser, Spaghetti al Pesto, die ich gerade in der Trattoria da Ignazio gegessen habe:

30 g Butter	3 El Basilikumblätter oder
50 g Olivenöl	1 Tl trockenes Basilikum
2–4 Knoblauchzehen	$^1/_8$ l heißes Wasser

2 El Parmesan. Die gehackten Knoblauchzehen mit den Basilikumblättern und dem Käse im Mörser glattstoßen, dann langsam Butter, Öl und zuletzt das heiße Wasser hinzufügen und über die dampfenden Nudeln gießen (Das Abspülen unter kaltem Wasser brächte ihnen eine fatale Lungenentzündung). In besseren Zeiten besinne Dich auf das Rezept aus unserer Kindheit:

Nimm dir n' Stier
Drück ihn durchs Sieb
Mach ihn zu Bier
Ist das nicht lieb?
Erst in der Gruft
Kriegt er wieder Luft,

Gruft, von der ich als Kind so oft träumte, ohne zu wissen, wer der Verstorbene war, ich habe es Dir erzählt, erinnerst Du Dich? Ich kam zu spät, der Sarg war schon verschlossen, ich wagte nicht zu fragen. Kaum war das Trauergefolge zur Haustür raus, streute Moisés Lilien, Geranien und Sperberfedern. Ich machte mich so klein wie möglich, damit keiner mich sah, sie mich nicht zwangen, Totenlade und Leichenzug zu folgen, abscheuliche Wörter, um das Abscheuliche zu benennen, den rituellen Tod, die Konventionen des Klans, dem ich zu entkommen suche und damit die jahrhundertealte Schuld derer, die sich den Gesetzen ihrer Kaste widersetzen, auf mich lade. Die Bestattung, obgleich ländlich, verlief hastig, die Bahre von für das Gewicht des Toten zu kräftigen Armen getragen, ich weinte mich seelenlos, eine Leere. Ohne den aufgebahrten Sarg sah der Salon wie geplündert aus, vom Wind durchfegt, die riesigen Möbel zur Seite geräumt, um Platz zu machen für Besucher, Freunde, Verwandte, Bekannte, die hier verweilten und die üblichen Faxen veranstalteten, Affentheater ohne Grazie, Anekdoten ohne Witz erzählten, Kaffee mit Schnaps tranken, der trauernden Familie ihre aufrichtige Anteilnahme aussprachen, blähendes Beileid den Familienporträts an der Wand bezeigten, den Großeltern und Urgroßeltern und anderen lieben Verblichenen, die auf der Politur des alten Pianos postierten. Um das Podest aus schwarzem Samt hatten die ausgelöschten Kerzen, die nun auf den Kirchhof getragenen Kränze eine Art Gestank hinterlassen, ekelerregende Ausdünstung, Muff nach Mottenpulver aus den jahrelang in den Schränken aufbewahrten Trauerkleidern. Niemand achtete auf mich, was mir allmählich doch schmerzlich wurde, mysteriös, zu schön, um wahr zu sein. Taten sie so, als ob sie mich nicht (er)kannten, oder war ich für sie schon aus der Mannschaft verbannt, ein Verstoßener, ein Paria? Machte mich meine Halbtrauerkleidung zum Outsider? Sogar die Bibliothek war von dem Trauertrupp heimgesucht worden, die Bücher durcheinandergebracht, von zerstreuten Ellbogen beiseitegeschubst, verstellt, um volle Aschenbecher in die Regale zu stellen, der schwere Vorhang, der die Bibliothek gegen den Salon abtrennt, war schmutzig von den Pranken der Begräbnisfauna. Es fehlten nur Vampire, denen bin ich später leibhaftig begegnet.

Entschuldige den Frankensteineinschlag, ohne Modern Prometheus, dieses Briefes von Deinem

J. C.

J. C. erhält den Brief der Mutter vom 17.:

Venedig, 24-4-74

Liebe Mutter,
die Nachricht vom Tod des Vaters war für mich die größte Erschütterung meines Lebens. Alle meine früheren Konflikte kamen an die Oberfläche, anstatt zu verblassen, wurden sie mir mit halluzinierendem Nachdruck deutlich, der Streit am Tag meines Weggehens schien mir symbolisch, nun noch wichtiger, weil definitiv. Ich kann nicht lügen, noch die andere Hälfte der Wahrheit verbergen: ich habe mich schlecht mit dem Vater verstanden, fand immer, daß er mich mit Mißtrauen ansah, weil ich nicht seine Wertvorstellungen akzeptierte, weil ich Phantasie habe, nicht im Ort bleiben wollte, nicht dogmatisch oder besser fanatisch bin, in dem, was ich glaube. Mit André ging alles gut, er respektiert die väterlichen Vorbilder, leistet Militärdienst, wie es sich gehört, folgt den Vorlieben der Alten, mit denen er auf die Jagd geht, spielt Karten, spielt Fußball, erzählt Witze. Ich habe nichts dagegen, fast beneide ich ihn, für ihn ist alles so einfach. Nicht für mich: dieser alte Konflikt hat mir bei den einfachsten Anlässen das Vergnügen vergiftet, entfernte mich von der Gemeinschaft schon lange vor der Entführung, die ich als Geschenk ansehe, sie hat das Unumgängliche, das die Angst hinauszögerte, überstürzt herbeigeführt. Vater hat mich zu seiner steten Beute meines schlechten Gewissens gemacht, weil ich Ihre Normen und Wünsche für mein Bestes nicht erfüllte. Jetzt gehe ich von dem Prinzip aus, daß es nötig ist, zu mißachten, jenes geschlossene Universum, Ihre Asphyxie ganz zu vernichten.
Es fällt mir schwer, dies zu diesem Zeitpunkt zu schreiben. Ich tue es nur, um Ihnen zu erklären, was unter anderen Umständen vielleicht nicht durchführbar wäre: ich fahre noch nicht zurück, erstens weil ich kein Geld habe, zweitens weil die Rückkehr ein sinnloses Opfer für mich wäre, drittens weil ich sehen will, bis wohin oder bis wann es mir gelingt, mit jener Welt, die ich verabscheue, zu brechen. Ich riskiere, Sie mit diesen Worten zu verletzen, nicht aber, wenn Ihre Vorurteile Sie nachdenken lassen

über die oben angegebenen Gründe, die Sie vielleicht ahnten, sicher doch fühlten, ohne sie akzeptieren oder überhaupt definieren zu können. Wenn ich Sie verletze, tut es mir leid, aber ich nehme nicht einen Satz zurück. Es ist Zeit, Bilanz zu ziehen, nichts vor den anderen, noch vor mir im Ärmel zu verstecken: ich werde nicht der verlorene Sohn sein; wenn ich zurückkehre, eines Tages, werde ich nicht reuig, nicht besiegt oder bekehrt sein. Zum ersten Mal bin ich glücklich, anonym, frei von der Familie, die für mich zu einem Phantom geworden ist, so sehr, daß ich entschlossen bin, nie Kinder zu haben, um nicht das Fließband der Konvention, Hörigkeit und Apathie zu verlängern. All dies wäre für Sie nicht neu, und ich frage mich, ob es wirklich sein wird, wenn wir in all den Jahren der Irrungen und Verwirrungen, der betäubenden Stummheit miteinander gesprochen hätten. In unserem Klan herrscht eine solche Ungleichheit im Umgang zwischen Eltern und Kindern, daß wir keine Stimme haben, um Gehör zu finden. Es ist traurig, daß ich erst durch den Tod des Vaters muß, um so sprechen zu können, das heißt, ich wäre halb aus Schüchternheit und halb aus Verachtung, die mich gänzlich lähmen würden, gar nicht dazu fähig. So schockierend es in Ihren Ohren klingen mag, ich begann zu atmen, nachdem ich Ihren Brief gelesen hatte, als wäre es mir nicht genug gewesen, von Zuhause wegzugehen und das Land zu verlassen.

Denken Sie nicht, dies so zu bekennen, sei gleichzusetzen mit Haß oder Haßliebe, wie sie Mode ist. Es handelte sich um pure Kontaktunfähigkeit, Fremdheit, Distanzierung. Wie sollte man sich sonst meine anfängliche Erschütterung erklären? Der Impuls, die tröstende Nähe der Mutter zu suchen und Sie meinerseits zu trösten, sogleich kontrolliert, als mir einfiel, daß André nun der Mann im Hause ist, dieser Impuls beweist, wenn nötig, wie sehr ich Ihnen gefühlsmäßig verbunden bin. Aber es müßte sich viel ändern, damit wir miteinander reden könnten. Sogar die Tatsache, daß Sie mich duzen und ich Sie sieze. Ist Ihnen nie aufgefallen, daß da was nicht stimmt?

Falls Sie mir nicht antworten, was ich für wahrscheinlich halte, wäre ich Ihnen dankbar, wenn Sie André oder Arminda sagen würden, mir zu schreiben. Wenn beide meinen, ich solle zurückkommen, komme ich, obwohl ich an dem Nutzen zweifle. Bis dahin bin ich immer der abwesende, undankbare, aus der Art geschlagene Sohn.

João Carlos

J. C. dankt Arminda für ihren Brief vom 25.:

Venedig, 30-4-74

Liebe Arminda,
Dein Brief vermittelte mir den Ton, den ich zu Hause vorherrschend vermute: Niedergeschlagenheit wegen des Todesfalls, dazu die Unsicherheit der Mutter, Furcht vor dem, was da kommt, Gefühl der Mutlosigkeit, Interregnum. Glücklicherweise bin ich weit weg, unglücklicherweise nahe. Obwohl ich gern hier bin, verspüre ich plötzlich, unwillig, Sehnsucht nach meinem fernen Zimmer, in dem es gut war, mit Grippe zu liegen, mit großzügigen Anginen, leichtem Fieber, die berechtigten, im Winter in der Schule zu fehlen, selbst im Februar gab es viel Sonne, März, Scherzmärz, was soll das sein, morgens Nebel, mittags Sonnenschein, ich sah das stürmische Licht durch das auf den Platz gehende Erkerfenster dringen, lauschte den Fuhrwerken, die mit ihren eisenbereiften Rädern einen Mordskrach auf dem Pflaster machten.

Hier gibt es weder Maulesel noch Wagen, befördert wird per Boot, das Schweigen ist ein Teil der Stadt, führt diese stillen Tage an der Hand, wie in Clichy den dekadenten erotischen, tarotischen, arkaischen Künsten gewidmet. Seitdem der wundertätige Mocenigo, Carlo Italo, uns herausgeholfen hat aus einem Schlamassel, dem wir vielleicht nicht entkommen wären, hat das Unwahrscheinliche in unserem Leben Wurzel gefaßt, wir haben keine Lust, es ziehen zu lassen. Noch heute wurden wir, wenn ich mich so ausdrücken darf, mit einem Wunderding aus dem Regenbogen beschenkt: wir schlenderten an einem dieser Rii entlang, als wir auf einen nahe am Ufer treibenden Behälter, mit sonderbarem Namen auf dem Deckel, aufmerksam wurden. Vertraut mit der heiligen Pflicht, alles Unerwartete anzunehmen, stachelte Marta mich an, jene Kiste zu kapern, die, um so obenauf zu schwimmen, leer sein mußte. Als ich sie zu mir heranzog, merkte ich jedoch, daß sie dazu zu schwer war, entweder weil voll Wasser gesogen oder voll von Gold und Silber. Gleich Moses aus den Wassern gerettet, wurde die Kind-Kiste bis zu den Stufen eines Palasts manövriert, dessen Meergeschoß überflutet war, trotz der aus Ziegel und Zement improvisierten Mauer, dort, wo einst schmiedeeiserne Tore waren und marmorne Eingangshallen, marmorne Wälder über dem Kanal. Der von den Motorbooten bewirkte Wellengang half sie heranzuholen, an Land zu hieven, wo ich begann, die moderigen Bretter aufzubrechen. Drinnen, geschützt von bohnenförmigem Granulat, aus synthetischem Material, auch naß, eine Plastikschachtel Typ Container, gut verschlossen mit einem den geflügelten Löwen zeigenden Wachssiegel, das ich mit Leichtigkeit aufbrach. Unter dem Deckel, zwischen Schaumgummikissen gebettet, ein riesiges Buch. Das Buch, in einem Beutel aus Folie oder ähnlichem, im Vakuum, Art Parmaschinken: Zettels Traum. Dieser Traum aus Zetteln auf 1350 Giganten-Typoskript-Seiten, vom Format 32,5 x 44 cm, wiegt 9 Kilo und wird wohl gerade zwischen die Lehnen des Flugzeugsitzes passen, wenn ich ihn auf dem Rückflug auf den Knien halte, um nicht zu riskieren, ihn samt Koffer zu verlieren. Jetzt denke ich, daß meine Reise nach Venedig von den Gesetzen des Zufalls geplant wurde, um mich dieses Mammut an einem Morgen mit schlechtem Wetter im Kanal finden zu lassen. Sein Autor, mit dem Vornamen eines italienischen Flusses, wohnt in der Lüneburger Heide, die der „ausgestoßene“ Beckett verabscheut. Es hat sechs Jahre gebraucht, um geschrieben und braucht vielleicht sechs Jahrhunderte, um gelesen zu werden, es ist mein Brevier geworden, ich vergnüge mich damit, Zitate, Rätselhaftes, Ungereimtes zu dechiffrieren. Auf Frau Shandy, die Dir von der Uni her bekannt sein dürfte, wird in einer Randglosse auf Zettel oder Seite 1150 hingewiesen, Poe und FW sind weitere Stars.

Falls Du Samuel mein entfremdetes Missiv zeigst, wird er Dir mit bürgerlicher Literatur kommen, estoy perdido, meine Flucht vor der nationalen Realität, wo doch das Vaterland mich nötig braucht, ist typisch für meinen krankhaften Individualismus, ganz zu schweigen von dem Verrat an der Familie, der heiligen Kuh, die keine Partei anzugreifen wagt. Ich wünsche Dir ein besseres Los als meins. Als Art Abschiedslitanei die Liste von einigen venetischen Weinen, die ich en gros probiert habe:

Bardolino
Valpolicella
Recioto di Soave
Breganze
Colli Euganei
Gambellara
Bianco di Custoza
Tocai di Lison
Vini del Piave
Cabernet
Colli Berici
Merlot di Pramaggiore
Montello e Colli Asolani
Prosecco di Conegliano-Valdobbiadene.

Wenn das nicht reine Poesie ist, gibt es keine. Ich weiß nicht, ob ich so bald zurückfahre, wie Du meinst, ich sollte. Küsse an die Mutter, in dem Bemühen, ihr die bittere Pille zu versüßen, sie nicht zu enttäuschen und ihr nichts zu versprechen. Ich umarme Samuel mit revolutionären Grüßen etc., Dich küßt Dein für den rechten Weg verlorener Bruder

João Carlos

Brief von J. C. an Bord der Fähre nach Barreiro:

12. September 1974

Liebe Marta,
ich ertrage nicht dieses Schaukeln des zu vollen Schiffes, so verschieden von jenen Vaporetti, auf denen man selbst auf der Linie 2 atmen kann, ohne Misere oder Häßlichkeit. Hier wird mir übel von dem Pissegestank aus den schlecht gereinigten, schlecht geschlossenen Aborten, das Flugzeugmittagessen kommt mir bei jedem Wellental hoch, mir wird brutal klar, welch ein Sturz es ist, in diesen Schweinestall zu fallen. Die Fuselstimme eines Losverkäufers schreit den Einsatz aus, Plastikbrieftaschen zum Aufbewahren all der von einem zivilisierten Menschen benötigten Dokumente, Führerschein, Personalausweis, Krankenkassenschein, kostet nur einen Zwanzigescudenwisch, bezahlt nicht mal die Gelatine, er schlägt wild mit der Brieftasche aufs Knie, um dem Universum die Qualität des Produkts zu beweisen, um die durchsichtigen Fächer, die wegen der Feuchtigkeit zusammenkleben, zu trennen, spuckt zur Klärung seines Kaufrufs auf den Boden, das Linoleum des Oberdecks ist bedeckt mit Auswurf, Kippen, Schalen von Lupinen- und Kürbiskernen, niemand achtet darauf, das Normalste von der Welt. Wurde dafür die Revolution gemacht? ODER DESWEGEN?
Diese Rückreise schmeckt mir nach sicherer Niederlage. Das Beste war bisher die Zwischenlandung in Zürich mit der Wallfahrt zum Grab meines Meisters, einer meiner. Ich mußte Zettels Traum in der Gepäckaufbewahrung des Flughafens lassen, den Koffer hatte ich in Venedig gleich bis nach Lissabon aufgegeben. Sein Grabmal ist lustig, er sitzt da mit übergeschlagenen Beinen und Charlotstöckchen, in die dem in der rechten Hand offenen Buch entgegengesetzte Richtung schauend, scheint er zu lächeln, obwohl er nicht sieht, oder eben deshalb. Jetzt kommt ein Blinder unter Deck, auf die Schulter eines Jungen gestützt, macht er die Runde zwischen den Bänken: haben Sie Mitleid und Erbarmen und helfen Sie dem Blindchen, nichts ist trauriger im Leben, als das Licht des Tages nicht zu sehen. Ihm folgt ein anderer

Bittsteller, wahrscheinlich funktionieren sie turnusmäßig. Dieser hier sieht gut, präsentiert aber eine Erklärung auf amtlichem Papier, ihm Krankheit bescheinigend, die zu lesen, die Leute lange Zeit brauchen, was die Kollekte wenig ergiebig macht. In der Ferne liegen Kriegsschiffe vor Anker, arbeitslos, einige den Deutschen im II. Weltkrieg abgenommen, in Kiel gebaut, als Schrott angekauft.

Plötzlich so in dieses Bidet zu tauchen, in diesen Schmutz, der sich in dem häßlichen und trödeligen Zug fortsetzt, kann einen Kollaps in dem versteinertesten Herzen verursachen. Lavradio traurig, Alhos Vedros sinister, Moita nicht gemuckst, Steineichenlandschaft, spelunkiges Abteil, die Mitreisenden mir gegenüber essen Erdnüsse und spucken die Schalen zu mir herüber, ich wechsele den Platz: wem's nicht paßt, der zieht um, bescheiden sie mir. Sie finden sich normal, Herren über Recht und Vernunft, ich bin sonderbar, mit dem Buch unterm Arm, größer als der Koffer, im Affendorf, in einer riesigen vom Heiligen Markus aufgestellten Falle, Namenspatron des unglückseligen Tages, an dem ich mich entschloß, dem gesunden Menschenverstand, den Bitten der Familie, der Erpressung meiner Mutter nachzugeben, die drohte sich umzubringen, wenn ich nicht zurückkäme. In Fonte der Bahnhof geschlossen, die Schule idem.

Wärst Du an meiner Seite, würde ich, den Kopf auf Deinem Schoß, schlafen, diesen Friedhof vergessen, auf dem ich nicht sterben will, nicht mal im Scherz. Ich habe meine Geschwister nicht benachrichtigt, damit sie mich nicht abholen, damit ich mich dieser Prüfung, von der ich nicht glaubte, daß sie mir so schwerfallen würde, allein stelle. Schließlich waren es nur fünf Monate der Abwesenheit. Unterdessen beugst Du Dich über den Kanal, spazierst auf jenen Plätzen, im Labyrinth der Brükken, wo kein Alibi Dich aufhält, entlang der Fondamenta dei Tedeschi. Ich folge Dir Schritt für Schritt, mein verwüstetes Verlangen wendet sich nach innen, bewahrt sich, wartet darauf, Dich an jenem Ort, der die Stille stiftet, wiederzusehen. Ich werde nicht dem Greif-zu-und-schmeiß-weg-Sex nachgeben, dem Verbrauchen und Vernaschen zwischen zwei Zügen, selbstbetrügerisch in dem Versuch, alles verlierend zu gewinnen. Um

mich herum Trümmer: Zeit zerbrochener Menschen, aufgeschmissen, beschissen, in den Händen der Politiker, die das Fleisch essen und die Knochen liegenlassen, wer wird ihnen, und wann, das seit hundert Generationen Gestohlene zurückgeben? Die Pharisäer gucken nicht in den Mond, ich und diese Traurigen, die im Takt der Gleise unzufrieden den Kopf schütteln, sind ihnen auf die Schliche gekommen.
Meine Liebe, vergib die Desertion, die ich mir selber nicht vergeben kann, und schreib mir, ohne auf den Verzug der Briefe zu warten. Die Post von Montemínimo ist hinterm Mond, aber die Nachrichten von Dir laufen über sie. Meine werden täglich losgeschickt mit der Liebe ohne Glauben, Hoffnung oder irgendein Erbarmen von

João Carlos

Brief vom gestrandeten Schiff:

Montemínimo, 14-9-74

Meine liebe Marta,
wer bereut, ist zweimal schwach, mich reut es schon, hier gelandet zu sein, bei dieser Familie, die mir wenig sagt, der ich vielleicht gar nichts sage, wir leben zusammen in Schweigen und Mißverständnissen. Außer Haus sieht es noch schlimmer aus, wir wohnen dem Theater einer zuhälterischen Clique von Laffen, Schwindlern, Lumpen, Schmarotzern bei, lausig in jeder Beziehung, billige Politikasterei, die ein Auge kostet, um sich selbst scharwenzelnde Schar, Schmierenkomödianten, wenn sie uns wenigstens erheitern würden, aber nicht mal das, ihre falschen kunstgeblähten Posen überzeugen nur die Armen im Geiste, die Masochisten, die mit Macht überzeugt werden wollen und soviel wert sind wie ihre Idole, Geschmeiß, das die Fratze verbirgt, um von dem Durcheinander der Nasen, der schäbigsten Kumpelei, von der leichtfertigen Kabale, dem chamäleontischen Kuddelmuddel zu leben, in dem niemand die Farbe des Fadens weiß, mit dem der Nächste spinnt, in dem man den Asinus des Nachbarn mit den Arschbacken der Nachbarin verwechselt, in dem man die Partei wie das Hemd wechselt, in dem die Leitartikel abhängen von der Verdauung der Geliebten des Fahrers der Sekretärin des Kabinettchefs des Premierministers, miese Mischpoke, fiese Wirtschaft von Vettern, die sich gegenseitig katapultieren, mit dem Segen der Gewerkschaft Puff und Polente.
Das Geschrei um die Dringlichkeit meiner Rückkehr war eine Falle. Meine Mutter ist mit den Reifen oder der Batterie ziemlich down, wenn mir gestattet ist, die Autofahrermetaphorik zu gebrauchen, nicht von ungefähr im übrigen, da ich den Mercedes verkaufen mußte, um Steuern und Schulden zu zahlen. Er war ohnehin ein Symbol des ancien régime, es reicht der Jeep, den André, solange es Landgüter gibt, benutzt, um nach Cantares zu fahren. Sie meinen, ich müsse mich nun auf die Examen im Oktober vorbereiten, das an erster Stelle, und in den freien Stunden André bei dem Landwirtschaftskram helfen. Zwischen dem

deletären Römischen Recht, das ich seit dem vergangenen Karfreitag vergessen hatte, und der Einführung in das Rechtsstudium mit seinen astreintes und dergleichen mon cœur balance. Kaum angelangt in diesem Land, beginne ich schon zu französieren. Leider ist dem so, schwierig zu widerstehen, was kann ich anfangen mit der Lektüre der Zeitungen von geistig Minderbemittelten, systematischen Speichelleckern der Macht, was kann ich ausrichten gegen eine aus dem Französischen übersetzte Kultur? Und dennoch fasziniert mich die Show des Gesellschaftsapparats, in oder außer Gang gesetzt nach einem halben Jahrhundert tiefsten Schlafs (der Dauerschlummer währt schon vier Jahrhunderte und mir schwant, daß er noch fortwirkt), obgleich, seitdem die Heilige Inquisition sich der Sache angenommen hat, einige versucht haben, uns aus diesem Koma herauszureißen. Vergeblich? Da hast Du die Temperatur meiner Gemütslage, pessimistisch nach Meinung der Optimisten, optimistisch nach Meinung der Pessimisten.
Auf schlechtem Fuß mit den anderen aus Liebe zu mir, auf schlechtem Fuß mit mir aus Liebe zu den anderen, habe ich mich mit mir entzweit und habe keine Gesellschaft, nicht einmal mit mir selbst. Ich hatte sie mit Dir und habe sie verlassen. Ich hoffe für kurze Zeit, denn das Leben macht matt, Marta, das Leben ist nicht gesund. Es ist uns manchmal gelungen, das geizig genannte Geschick zu täuschen, den unersättlichen, so sehr in Ungnade gefallenen Parzen mit dem schattenvollen Blick zu entkommen. Am Ende eines Korridors, nach unnützem Gerenne, wartet der faulig riechende Tod, altes Gerippe rittlings auf dem Gerippe eines Pferdes, mit erhobener Sense ruhig auf die böse Stunde, aus der uns die Taube, jene, die die Orte vollkackte, an denen der Zufall sie niederließ, nicht erretten wird. Deshalb sei vorsichtig, vertraue nicht allzusehr den himmlischen Heerscharen, die so freigiebig waren, Dich nach San Marco zu führen, eines Tages werden sie die Rechnung präsentieren für diese Passage aus Gnade, gratis, geschenkt, such Dir die Formel aus, die Dir zusagt. Baue auf die Heiligen und eile nicht, geht die ironische vox populi: vertraue nicht allzusehr dem Bruch mit der Vergangenheit, versuche nicht, alles in Kunstwerk zu verwan-

deln in dieser opernhaften Szenerie. Du beginnst, an den alten Werten, denen, die bestehen, Geschmack zu finden und löst Dich von dem Schicksal dieses Schiffes, das sich bald nach Luv hebt, bald nach Lee senkt, und wir mit ihm, wir da drinnen, verloren im Dunkel des Arsches der Welt, nur dazu da, den Reichen den Besagten abzuwischen. Du hast Dich auf Deine Weise vor der allgemeinen Mittelmäßigkeit, der Enge des Schiffsbauchs, der drückenden Armut zwischen Back- und Steuerbord, Bug und Heck, Spanien und dem Meer gerettet. Ich verstehe, daß Du nichts zu tun haben willst mit diesem kleinlichen, isolierten Milieu, diesem geschlossenen Kreislauf, in dem immer dieselben falschen Fuffziger funktionieren, mit periodischem Maskenwechsel, um den Partner zu betrügen oder um sich der Illusion hinzugeben, sie seien wer, aber was würdest Du an meiner Stelle tun?

Nie gelingt es mir, der Gründe, die ich habe, wenn ich sie habe, sicher zu sein. Ich würde gern nur instinktmäßig handeln, trotz der möglichen großen Torheiten, für die ich, die ich mit meiner Haut bezahlen würde. Das Verlassen des Elternhauses war Tropismus des Obdach Suchenden, die Rückkehr war das ganze Gegenteil: Sieg des Zustands der Notwendigkeit über den Zustand der Freiheit. Wer sich liebt, lautete eine These meines Philosophieprofessors, braucht sich gegenseitig nicht. Ich glaube, er hat diese allzu metaphysische Theorie später revidiert. Ich brauche Dich, wenn auch brauchen subjektiv ist. Meine Mutter behauptet, mich zu brauchen. Und Du, brauchst Du? Ich halte es immer noch für notwendig, die Welt zu verändern, die sich nicht viel ändern will, obgleich ich weiß, daß das übrige nicht von selbst hinzukommt. Du findest, daß es reicht, wenn Du Dich änderst. Ich akzeptiere das, was soll ich machen? Der Brief ist so konfus wie das Verlangen, das ich nach Dir habe, ständig denke ich an Liebeskunst und -akte, nie genug begonnen, fortgesponnen, gewonnen, von Dir und mir, der ich brenne und mich nicht verbrenne

J. C.

Nachrichten von der Blockade:

Lissabon, 27-9-74

Meine liebe Marta,
Deinen Brief vom 22. habe ich mit mir gebracht, las ihn wieder im Zug und lese ihn von neuem jetzt nachts in diesem Bett, wo wir in Liebe wüteten, wo ich meine Fingerspitzen an den Kuppen Deiner Brüste, Hüften, Schenkel, Knie entlangführte, hinten, vorne, außen, innen entlang an allem, was kurvig, konkav, Rundung, Spalte, wo ich die Stelle küßte, wo sich der Bauch wölbt, weich, straff und sanft zugleich, hier hast Du unter-über mir Liegendem gelegen, das Zimmer hätte in seinen Grundfesten bersten, das Haus in Stücke bröckeln können, ich hätte nichts bemerkt. Es scheint schon ein Jahrhundert her, daß der erhabene Exzeß mit Macht von uns Besitz ergriff, Zunge und Lippen uns frei auf die andere Seite der Lust führten, dorthin, wo die Körper von plötzlicher Leichtigkeit erfaßt werden, womöglich levitieren sie wirklich, dort, wo die Schwerkraft aufhört, Explosionen Brust und Köpfe erfüllen.
Das wird kein Brief, eher Programm von Nicht-Arbeiten, Nicht-Aktion, Subversion des Nicht-Widerspruchs, der angeblich das Ideal der Menschheit sein soll. Falls wir eines Tages dieses Ideal erreichen, kann ich die Koffer für einen anderen Planeten packen. Fürs erste bleibe ich hier, um zu sehen, was die morgige Demonstration auf der Praça do Império bringt. Das Staatsschiff mit Bischöfen, Generälen, Bakkalaureusen, Amtsschreibern, Flügeln, Flöhen, Ärmelschonern und mehr Zubehör in Gefahr unterzugehen, während diese trottelige-Taugenichtsgesellschaft noch ans Imperium denkt. Es wäre gar nicht verkehrt, die Risse im Rumpf des so durchlöcherten Schiffs zu flicken, zu versuchen, das erschöpfte Land zu retten, das, wie einige finden, bereits hergegeben hat, was es zu geben hatte. Aber alle Welt täuschen zu wollen, ohne irgend jemand täuschen zu können, ist nutzlos, ist zu spät, überzeugt nicht. Ich schäme mich meiner, manchmal, nur weil ich an dieser Narretei teilhabe, mich verlangt nach Ostrazismus, nach rabiatester Austeri-

tät, nach einer Art Mönchsleben, in einer Karthause mit Dir, Venedig ist vielleicht zu schön. Wenn emigrieren möglich wäre, und wenn ich die Gewißheit hätte, auf diese Weise meine Probleme zu lösen, würde ich schleunigst abhauen. Die Diaspora, in diesen Breiten, bringt nichts Neues. Überlebende Leute, nicht selten kriecherisch oder mit dem dümmlichen Stolz der Hinterwäldler, unsere sind kein Sonderfall, wie sie selbst von sich glauben. Sie wurden, nachdem sie beraubt worden waren, selbst zu Dieben, irrten umher, um letztlich nichts zu finden, verloren doppelt den Weg. Die Jüngeren, der TV-Tyrannei erlegen, der sloganesken Orgie, dem Konservendenken, der Massenmonotonie, vorfabrizierten Meinungen, der manipulierten Beschränktheit, dem generalisierten und normal gewordenen Desaster, sprechen nur von Popop, Freeze Frame. Die Älteren sind im eigenen Netz hängengeblieben. Wir sind der Absprung oder wir werden nicht sein.

Wenn ich Dir die Stadt beschreibe, wird Dich das nur in Deinem Unwillen zurückzukommen bestärken, und dennoch tue ich es, ich weiß nicht recht warum. Die Straßen sind überschwemmt mit Pornobüchern, offen auf den Bürgersteigen, den Ständen der Zeitungsverkäufer, vor den Augen dessen, der nicht sehen will. Es wimmelt von Händlern von Raubaufnahmekassetten, Gebrauchtschallplatten und billigen Produkten, die die Revolution herstellt, ausstellt und bereitstellt, in Reichweite von allen, unter freiem Himmel, in den Gängen der U-Bahn, die Zahl der Bettler hat zugenommen, womöglich laufen sie jetzt auch nur unbefangen herum, während sie früher verborgen wurden. Sogar Teppichboden wird von Zigeunern in der Baixa verhökert, wo weiland Damen mit Privatchauffeur zirkulierten, nunmehr entschwunden, die Wagen untergestellt, oder genauer, versteckt. Ergötzliches Spektakel, apokalyptisch, typisches Resultat der Quacksalberei, die hier als Werk der nationalen Errettung gilt. Regierungen, angeblich der nationalen Errettung, richteten das Rette-sich-wer-kann ein, sie retten uns nicht, noch nützen sie uns, sie nützen nur sich selbst und den ihren. Was hoffen? Das geringste wäre das gesündeste. Lange Kontakte mit „anderen Orienten" führten zu hartgesottener Skepsis in diesem Land, das,

vergessen in Europa, ohne Mittel, mit Marine und Heer, an seiner Flanke, hab-acht, den alten spanischen Löwen und als eigennützigen Freund das geschickte Großbritannien hat. Wir sind bisher durch fehlendes Vertrauen davongekommen, dadurch daß wir keinem Regime Glauben schenken, keinem Politiker, keiner Idee oder Ideal, im Prinzip unbrauchbar, wenn nicht gar schädlich und gegen uns gerichtet. Wilde Bestien von vorn angreifen, nein, es könnte wehtun. Mit Platitüden und Pathos hat die revolutionäre Folklore dazu gedient, ein paar Sowiesos in Szene zu setzen, ohne ansonsten viel zu verändern. Feuer verloschen, Stiere gepackt, Getreide gedroschen, nicht viel gefragt, wenig Wein, Mais und Honig in der Scheuer, viel leeres Stroh und viel Kaserne heuer. Pessimismus das? Mein Pessimismus, um Pessoa zu paraphrasieren, ist optimistischer als ihr Optimismus. Wir wissen wessen.
Schreibe mir nach Montemínimo, falls Du schreibst. Küsse etc.

J. C.

Brief von J. C. an Marta, welcher von den Peripetien eines Tages berichtet, der so unwahrscheinlich ist, daß er erfunden scheint.

Lissabon, 11-3-75

Liebe Marta,
Du wirst nichts von dem, was die Zeitungen erzählen, verstehen, nicht einmal uns, den sogenannten visuellen Zeugen, ist es gelungen, das surrealistische Abenteuer einer Militärmühle zu begreifen, die die bäurische Hauptstadt länger als eine Stunde überflog, eine einzige Kaserne unter Beschuß nahm, wobei ein Soldat getötet wurde, zum Stützpunkt zurückkehrte und damit die Rechte, angeklagt des Versuches, die Macht mit diesem Spielzeugflieger an sich zu reißen, für die nächsten Monate liquidiert hat. Du hast die Gelegenheit verpaßt, einem Staatsstreich am Fernsehen beizuwohnen, das den unbezahlbaren Dialog zwischen einem aufständischen Offizier und dem berühmten Dinis de Almeida filmte, dem Kommandanten der beschossenen und von einer Unterabteilung oder vielleicht nicht mal das, von einer Gruppe von reaktionären Soldaten belagerten Kaserne, die vor der Fernsehkamera zu heulen begannen, als die vernünftige Linke ihnen erklärte, daß sie betrogen, manövriert oder verführt worden seien von den Bösen, die sich als gute Gauner schon nach Spanien abgesetzt und die armen Soldaten mit der MP im Arm, ohne daß diese wußten, warum, noch gegen wen oder für wen, zurückgelassen hätten, die Chefs hatten ihnen nur gesagt, es sei nötig, die gefährdete Revolution zu retten, und als Retter der besagten betrachteten sie sich alle. Woody Allen hatte die Ermordung eines Präsidenten in Direktübertragung durch TV vorausgesehen, ich finde, unsere lächerliche Realität übertrifft als Tragikomödie noch die Fiktion von „Bananas". Zur Stunde, in der ich Dir schreibe, bereiten die Sieger schon die Mythisierung oder Seligsprechung des Soldaten Luís vor, der, Opfer dieser geschmacklosen Spielerei, keinerlei Interesse daran hatte, sich in einen Helden verwandelt zu sehen. Als Erklärung für diese absurde und abstruse Feueraktion, spricht die Rechte

von einer „Osterschlachtung“, die die Kommunistische Partei vorbereitete, um eine Reihe von Köpfen rollen zu lassen. Wer ihnen das in die schwachen, so bedrohten Köpfe gesetzt hat oder ob sie selber diese Geschichte erfunden haben, weiß ich nicht. Ein Jahr der permanenten Revolution, von uns Lev-Lesern glühend herbeigesehnt, beginnt die Bourgeoisie, die sich ihr zu Anfang aus Neugier oder bloßem Veränderungswunsch, als handele es sich um einen neuen Anzug oder eine neue Frisur, angeschlossen hatte, zu ermüden. Jetzt kommen unsere jahrhundertealte Skepsis, Gleichgültigkeit, Individualismus, Fatalismus, die das von früher bekannte Schulterzucken zur Nationalgeste gemacht haben, wieder an die Oberfläche. Die Phase der kollektiven Inspiration kämpft nun gegen die Kräfte der Trägheit an, Meister Lev hat gesagt: Inspiration nennt man die schöpferische Verschmelzung des Bewußtseins mit dem Unbewußten. In dem Augenblick, in dem die Trägheit versucht, von dem revolutionären Prozeß Besitz zu ergreifen, bemächtigt sich eine Art Wucher der Menschen, sie beginnen, in Buchhaltungsbegriffen zu denken, vergessen, daß bei Usura keiner ein Haus von gutem Werkstein hat, daß Usura die Räude ist, daß man kraft Usura, Sünde wider die Natur, vielleicht an die Macht, niemals zur Freiheit gelangt. Auch ich gelange nirgendwohin, außer zu den Examen, von denen ich nicht weiß, ob sie stattfinden werden. Außerdem, wozu Gesetze eines Landes, das ich verlassen will, studieren? Noch dazu Gesetze, die durch die konstante Inflation der Gesetzgebung, ähnlich der unseres armen Geldes, von einem Tag auf den anderen überholt sind. Fürs nächste Mal verspreche ich Dir einen anderen Brief, in dem ich mehr von mir erzähle und weniger von dem revolutionären Prozeß, der Dich schließlich nicht interessiert. Ich frage mich, ob ich Dich interessiere. Dein

J. C.

Brief von J. C. an Marta in Beantwortung ihres beredten Schweigens:

Montemínimo, 13. — Gründonnerstag

Liebe Marta,
es besteht kein Zweifel, wir können nicht getrennt eine gemeinsam begonnene Reise fortsetzen, unsere physische Trennung war Vorspiel oder Vorankündigung der anderen entscheidenderen, definitiven, der, die uns bereits entzweit und uns die Zukunft nehmen wird: nichts hält Dich in diesem Operettenland, in dem wir geboren sind, Du kannst in der Stadt bleiben, in der es keine Häßlichkeit gibt, in der wohnen sollte, wer das Leben in ein Kunstwerk verwandeln will. Du hast vielleicht den ästhetischen Zustand, den Gipfel in meinen Augen, die glückliche Vollkommenheit erreicht. Ich bin weit davon entfernt, ich kehre ins Elternhaus zurück, das ich vor einem Jahr verlassen hatte, damals entschlossen, nie wieder zurückzukommen, mich von dieser monumentalen Kleinmütigkeit zu befreien. Und hier stecke ich nun bis zum Hals in diesem verdammten herrschaftlichen Haus und der häuslichen Fäulnis, von neuem in die vaterländische Verwirrung getaucht, die mich leider angeht und mit der ich zur Sühne meiner Sünden verbunden bin. Die sogenannte Verantwortung, das tägliche Brot zu verdienen, meine Mutter zu unterstützen und die Bösewichte des Stücks, die berüchtigte Großgrundbesitzerfamilie ohne mögliche Rettung, ohnehin für die Höllenlohen oder wenigstens die baldige Enteignung prädestiniert, diese Pflicht in bezug auf meine jüngeren und halbverwaisten Geschwister, dieses Schnulzendrama von den in andere Hände übergegangenen Produktionsmitteln, unmittelbares Resultat der auf den Kopf gestellten berühmten Hegelschen Pyramide, diese pessimistische Komödie, dieser Neo-Realismus mit umgekehrten Vorzeichen, der deshalb nicht aufhört, einer zu sein, diese Rückkehr in die Höhle, aus der ich aus Angst verschlungen zu werden, geflohen war, ohne daß es mir jedoch gelungen ist, mich frei von ihr zu machen, der Beweis liegt vor, all das zwingt mich, Dir, wie es früher hieß, bis auf weiteres

Valet zu sagen. Für wie lange? Hoffentlich nicht für immer. Bis wann? Ich weiß es nicht. Diese pathetischen, plüschigen, pleonastischen Fragen haben hier in dieser Atmosphäre des 19. Jahrhunderts Berechtigung: wir hatten keine industrielle Revolution, jetzt haben wir diese hier, die, weil verspätet, radikal sein kann. So paradox es scheinen mag, ich wünschte, sie wäre es, damit wir nicht in halben Sachen steckenbleiben, damit diese Agonie, dieses landesweite Röcheln schnell ein Ende hat, wobei das Mikro-Monteminimo nur der Schmelztiegel ist, armes Dingchen. In meiner Kindheit gab es eine Schneiderin, deren Lieblingsbuch „armes Dingchen" war, sie wollte so ihre Zärtlichkeit, die sie für alles hegte, bekunden. Der Ausdruck ist bezeichnend für das Gefühl oder besser die Gefühlsduselei, das Selbstmitleid eines seit Vasco da Gama arbeitslosen und immer wieder an das unumschiffbare Kap Nein gelangenden Volkes. Die Parteien nehmen alle den Mund voll von nationaler Unabhängigkeit, wissen, daß sie mit sämtlichen Zähnen lügen, aber was würde aus unserer Eigenliebe ohne diese fromme Lüge, die uns hilft zu überleben, Nachgeborene unserer selbst? Da bin ich schon wieder bei den Befragungen zum Zeitvertreib, Zerstreuung, Exorzismus gegen die wachsende Bitternis. Vergiß diese Jeremiade, dieses Miauen, sag dem Mocenigo, daß ich ihm danke für das, was ich in seinem verfaulten Palast gelernt habe, Intensivkursus, der mich ohne ihn Jahre meines Lebens gekostet hätte. Es geht nichts über die Aristokratie, um der Geschichte den Hemmschuh anzulegen. Ich küsse Dich mit Liebe, unfähig, einen besseren Namen zu finden, und Stier, renne ich blind dem Säbel, dem Stoß entgegen.
Dein

J. C.

LCB-Editionen 1980

Literarisches Colloquium Berlin, 1 Berlin 39, Am Sandwerder 5
Tel.: (030) 803 56 81

---

1 GÜNTER GRASS, Über meinen Lehrer Döblin, Aufsätze
2 REINHARD LETTAU, Gedichte
3 GÜNTER EICH, Kulka, Hilpert, Elefanten. Prosa (Vergriffen)
4 LARS GUSTAFSSON, Bakunins Reise / Thorn. Erzählungen
5 ARTUR KNOFF, Geschichten
6 UWE BRANDNER, Am elften Tag. Prosa
7 GERALD BISINGER, 7 Gedichte zum Vorlesen
8 GÜNTER KUNERT, Betonformen / Ortsangaben. Reiseprosa
9 BARBARA FRISCHMUTH, Geschichten für Stanek
10 CHARLES OLSON, »West«, Poem. Deutsch von Klaus Reichert
11 TOMAS TRANSTRÖMER, Gedichte. Aus dem Schwedischen
12 THOMAS BERNHARD, Ereignisse. Frühe Prosa
13 WOLFGANG MAIER, Sehen Hören. Prosa
14 WALTER HÖLLERER, Systeme. Gedichte
15 MAX FRISCH, Dramaturgisches. Ein Briefwechsel mit Walter Höllerer
16 WOlfGANG WEYRAUCH (Hg.), 11 Autoren über ein Jahrzehnt
17 G. BISINGER / W. HÖLLERER (Hg.), Das literarische Profil von Rom
18 VERA LINHARTOVA, Chimäre oder Querschnitt durch die Zwiebel
19 FRANZ TUMLER, Welche Sprache ich lernte. Gedichte
20 G. F. JONKE, Musikgeschichte. Erzählungen
21 LADISLAV NOVAK, Gedichte für bewegte Rezitation. Happenings
22 JÜRGEN BECKER, Schnee. Gedichte
23 KOBO ABE, Der Mann, der zum Stock wurde. Theaterstücke
24 GÜNTHER SCHULZ, Rezensierte Gedichte
25 HANS BENDER, Aufzeichnungen einiger Tage. Tagebuchnotizen
26 TED HUGHES, Gedanken-Fuchs. Gedichte. Aus dem Englischen
27 GÜNTER BRUNO FUCHS, Neue Fibelgeschichten
28 HEINRICH BÖLL, Gedichte
29 ELIAS CANETTI, Macht und Überleben. 3 Essays
30 H. C. ARTMANN, Von der Wiener Seite. Frühe Geschichten
31 ERNST SCHNABEL, Hurricane. Erzählung und Reportage
32 MICHAEL SPRINGER, Dübel & Dergl. Prosa
33 EDOARDO SANGUINETI, Reisebilder. Gedichte
Deutsch von Gerald Bisinger
34 ERNST JANDL, wischen möchten
35 MARIN SORESCU, Aberglaube. Gedichte. Deutsch von Oskar Pastior
36 FRIEDERIKE MAYRÖCKER, In langsamen Blitzen. Gedichte
37 WONG MAY, Wannsee-Gedichte. Deutsch von Nicolas Born

38 MIKLOS MESZÖLY, Gestaltungen. Prosa
Deutsch von Barbara Frischmuth

39 CHRISTOPH MECKEL, Nachtessen. Gedichte

40 LUDWIG HARIG, Wie kommt Leopold Bloom auf die Bleibtreustraße.

41 MICHAEL HAMBURGER, Gedichte. Englisch-deutsch. Mit einem Nachwort von Hans Mayer.

42 WITOLD WIRPSZA, Drei Berliner Gedichte

43 PER OLOV ENQUIST, Nach den klassischen Höhepunkten. Prosa

44 THANASSIS VALTINOS, Der Marsch der Neun. Erzählung

45 PETRE STOICA, Und nirgends ein Schiff aus Attika. Gedichte
Deutsch von Oskar Pastior

46 CHRISTOPHER MIDDLETON, Curbaram. Prosa. Aus dem Englischen

47 'ABD AL-GHAFFAR MIKKAWI / YUSSUF ASCH-SCHARUNI, Nachrichten aus Ägypten. Prosa.

48 HEDWIG ROHDE, Traummaterial, lyrisch/dialogisch

49 JEANETTE LANDER, Der letzte Flug. Erzählung

50 OSKAR PASTIOR, Ein Tangopoem und andere Texte

52 RICHARD ANDERS, Zeck. Geschichten

53 ANTONIO AVARIA, Besser als vis-à-vis. Prosa

54 KAZIMIERZ BRANDYS, Ruhige Jahre unter der Besatzung. Erzählung

55 HANSJÜRGEN BULKOWSKI, Die Stimmung des Flusses zu beobachten ist immer reizvoll. Prosa. Mit einem Nachwort von Landfried Schröpfer

56 TADEUSZ ROZEWICZ, Der Abgang des Hungerkünstlers. Theaterstück, Aus dem Polnischen von Peter Lachmann

57 ARNOLD HAUSER, Der Fischteich. Erzählungen

58 JIRI KOLAR, Suite. Gedichte und Collagen, Aus dem Tschechischen von Ruth Kotík

59 MILAN NÁPRAVNÍK, Der Wille zur Nacht. Gedichte

60 SYLVIE KUMAH, Facing I/Sieh das Ich. Gedichte

61 ALMEIDA FARIA, Fragmente einer Biografie. Prosa

62 TED JOANS, Der Erdferkelforscher, Gedichte.
Aus dem Amerikanischen von Richard Anders

63 SIGURDUR A. MAGNUSSON, Bilder aus einer Kindheit

JEDER BAND DM 5,—